BEI GRIN MACHT SICH IHR WISSEN BEZAHLT

AF157107

- Wir veröffentlichen Ihre Hausarbeit,
  Bachelor- und Masterarbeit

- Ihr eigenes eBook und Buch -
  weltweit in allen wichtigen Shops

- Verdienen Sie an jedem Verkauf

Jetzt bei www.GRIN.com hochladen
und kostenlos publizieren

Bibliografische Information der Deutschen Nationalbibliothek:

Die Deutsche Bibliothek verzeichnet diese Publikation in der Deutschen National-
bibliografie; detaillierte bibliografische Daten sind im Internet über http://dnb.d-
nb.de/ abrufbar.

Dieses Werk sowie alle darin enthaltenen einzelnen Beiträge und Abbildungen
sind urheberrechtlich geschützt. Jede Verwertung, die nicht ausdrücklich vom
Urheberrechtsschutz zugelassen ist, bedarf der vorherigen Zustimmung des Verla-
ges. Das gilt insbesondere für Vervielfältigungen, Bearbeitungen, Übersetzungen,
Mikroverfilmungen, Auswertungen durch Datenbanken und für die Einspeicherung
und Verarbeitung in elektronische Systeme. Alle Rechte, auch die des auszugsweisen
Nachdrucks, der fotomechanischen Wiedergabe (einschließlich Mikrokopie) sowie
der Auswertung durch Datenbanken oder ähnliche Einrichtungen, vorbehalten.

Impressum:

Copyright © 2012 GRIN Verlag
Druck und Bindung: Books on Demand GmbH, Norderstedt Germany
ISBN: 9783668435285

Dieses Buch bei GRIN:

https://www.grin.com/document/359342

Andreas-Michael Blum

Einführung und Grundlagen der Mediation. Ablauf einer Mediation und Hauptaufgaben des Mediators

GRIN Verlag

GRIN - Your knowledge has value

Der GRIN Verlag publiziert seit 1998 wissenschaftliche Arbeiten von Studenten, Hochschullehrern und anderen Akademikern als eBook und gedrucktes Buch. Die Verlagswebsite www.grin.com ist die ideale Plattform zur Veröffentlichung von Hausarbeiten, Abschlussarbeiten, wissenschaftlichen Aufsätzen, Dissertationen und Fachbüchern.

Besuchen Sie uns im Internet:

http://www.grin.com/

http://www.facebook.com/grincom

http://www.twitter.com/grin_com

Dr. Andreas-Michael Blum, LL.M.

Einführung und Grundlagen der Mediation

Einsendearbeit im Rahmen der Weiterbildung zum Mediator

Hochschule Wismar – University of Applied Sciences

Technology, Business and Design

Inhaltsverzeichnis

1. Definition des Begriffs Mediation

Mediation ist ein vertrauliches und strukturiertes Verfahren der außergerichtlichen Streitbeilegung, bei dem die Parteien (Medianden) mit Unterstützung eines neutralen und unabhängigen Dritten (Mediator) ohne Entscheidungsbefugnis freiwillig und eigenverantwortlich eine einvernehmliche und tragfähige Lösung des Konflikts (Konsens) anstreben, die für beide Parteien zu einer Win-Win-Situation führt.

2. Nennen und erläutern Sie die Prinzipien der Mediation

Die Prinzipien der Mediation sind: (a) Freiwilligkeit der Mediation, (b) Neutralität und Allparteilichkeit des Mediators, (c) Eigenverantwortung und Autonomie der Medianden, (d) Offenheit und Informiertheit, (e) Vertraulichkeit und (f) Ergebnisoffenheit der Mediation, die ich im Folgenden erläutere.

a) Freiwilligkeit der Mediation bedeutet, dass allein die Konfliktparteien (Medianden) es in der Hand haben, ob und zu welchem Zeitpunkt sie in ein Mediationsverfahren gehen, um einen Konflikt mit dem Ziel eines einvernehmlichen Interessenausgleichs herbeizuführen. Freiwilligkeit bedeutet aber auch, dass die Medianden ohne äußeren Zwang oder Druck selbst entscheiden, ob und wann sie eine Mediation abbrechen.

b) Neutralität und Allparteilichkeit als tragende Prinzipien der Mediation beziehen sich auf das Rollenverständnis des Mediators. Anders als der mit der einseitigen Interessenwahrnehmung beauftragter Rechtsanwalt verfolgt der Mediator in der Mediation weder die Interessen, Wünsche, Bedürfnisse oder Rechtspositionen der einen noch der anderen Partei. Der Mediator als Herr eines strukturierten Verfahrens steht weder in einer Beziehung zu dem Streitgegenstand noch zu den am Streit beteiligten Konfliktparteien/ Medianden.

Konkret bedeutet dies, dass es nicht Aufgabe eines neutralen Mediators ist, die Interessen, Positionen oder Ziele einer Konfliktpartei gegen die andere Konfliktpartei gerichtlich oder außergerichtlich zu vertreten oder den von den Mediaten erarbeiteten Sachverhalt und deren Handlungs- oder Lösungsoptionen inhaltlich oder rechtlich zu bewerten. Losgelöst von einer Einflussnahme auf die Interessen der Parteien und von einer Bewertung des dem Konflikt zugrundeliegenden Sachverhalts schafft der dem Prinzip der Neutralität verpflichtete Mediator somit die Voraussetzungen für ein faires und ergebnisoffenes Verfahren.

Allparteilichkeit des Mediators bedeutet darüber hinaus, dass er jeden Medianden zu unterschiedlichen Anteilen unterstützt bzw. seine Ressourcen (z.B. Kommunikationswerkzeuge) ihr/ihm zur Verfügung stellt, damit die Konfliktpartei jederzeit in der Lage ist, das Mediationsverfahren erfolgreich zu durchlaufen.

c) Eine strukturierte Mediation schafft schließlich die Voraussetzungen, damit die Konfliktparteien ihren Konflikt eigenverantwortlich und autonom erarbeiten und damit befähigt sind, selbständig, d.h. ohne Einflussnahme des Mediators auf das Verhandlungsergebnis, Entscheidungen und Lösungen zu finden. Allerdings ist es dem Mediator nicht verwehrt, eigene Kompetenzen (z.B. Psychologie, Kommunikation) aktiv in das Verfahren einzubringen. Beispielsweise kann er der den Medianden bestimmte Frage- oder Kreativitätstechniken zur Verfügung stellen, um so den Verfahrensbeteiligten die Teilhabe an einem optimalen Verfahrensverlauf im Rahmen der Mediation zu ermöglichen.

d) Offenheit als Prinzip der Mediation bedeutet, dass die Konfliktparteien es in der Hand haben, die für sie wichtigen und für die Lösung des Konflikts erheblichen Tatsachen und Informationen in jeder Verfahrenslage einander und gegenüber dem Mediator offenzulegen, um eine Vereinbarung zur Konfliktlösung mit Akzeptanz der Konfliktparteien für die Zukunft zu ermöglichen.

Unter Informiertheit als weiteres Prinzip der Mediation versteht man, dass die Konfliktparteien über die entscheidungserheblichen Tatsachen, die Rechtslage und über die gesetzlichen Grundlagen durch einen Anwaltsmediator, durch externe Berater und/oder Parteivertreter (Sachverständige, Wirtschaftsprüfer, Rechtsanwälte) zu Beginn, in einzelnen bzw. allen Phasen der Mediation oder vor Unterzeichnung der Abschlussvereinbarung informiert werden[1].

e) Vertraulichkeit in der Mediation ist ein fundamentaler Verfahrensgrundsatz, bei dem sowohl der Mediator als auch die Konfliktparteien auf der Grundlage eines Mediationsvertrags sich einander zur Vertraulichkeit und Verschwiegenheit im Rahmen der Mediation verpflichten und insbesondere über den Inhalt des Mediationsverfahrens und die im Verlauf des Verfahrens erlangten Informationen (z.B. in Einzelgesprächen mit einer Konfliktpartei) Stillschweigen bewahren.

---

[1] *Katja Ihde*, Skript I: Einführung und Grundlagen der Mediation, Auflage 1/2012, S. 35.

Sinn und Zweck der Vertraulichkeit ist es, die im Rahmen der Mediation gewonnenen Informationen bei Scheitern der Mediation nicht in einem nachfolgenden streitigen Gerichtsverfahren gegen den Offenbarenden zu verwenden.

f) Ergebnisoffenheit der Mediation bedeutet, dass die Konfliktparteien in jeder Lage der Mediation bereit sind, einen Konflikt ohne ein von vornherein vorgefertigtes Ergebnis zu erarbeiten und mit Unterstützung des Mediators gemeinsam eine eigene, einvernehmliche und tragfähige Lösung (Konsens) anzustreben. Das beinhaltet notwendigerweise die Bereitschaft die Medianden, von eigenen Positionen abzuweichen, gegebenenfalls aufzugeben und kooperativ nach Lösungen zu suchen, die ihren Bedürfnissen und ihrer Interessenlage entsprechen.

3.   Erläutern Sie kurz schematisch den Ablauf des Mediationsverfahrens

Die erste Phase der Mediation dient dem Erstgespräch mit den Medianden, in dem sich der Mediator über den Stand des Konflikts informiert, mit den Mediaten gemeinsam deren Erwartungshaltung in Bezug auf die Mediation klärt und ihnen die Prinzipien und den weiteren Verfahrensablauf der Mediation erläutert. Den Abschluss der ersten Phase bildet die Unterzeichnung des Mediationsvertrags nebst einer Kostenvereinbarung durch die Medianden.

Die zweite Phase gilt der Erarbeitung der Themenbereiche bzw. -sammlung, deren Ziel ist die Schaffung einer gemeinsamen Informationsgrundlage zwischen allen Beteiligten ist. In dieser Phase werden zunächst die von den Konfliktparteien benannten Themen durch den Mediator visualisiert. Sodann erfolgen in Absprache mit den Konfliktparteien die Gewichtung der einzelnen Themen und die Festlegung einer gemeinsamen Bearbeitungsreihenfolge (Priorisierung).

In der dritten Phase erfolgt die Erarbeitung der Interessenfindung durch die Medianden. In dieser Phase findet die eigentliche Konfliktbearbeitung statt, d.h. die Konfliktparteien arbeiten auf der Basis ihrer jeweiligen unterschiedlichen Positionen und Sichtweisen ihre eigentlichen Bedürfnisse, Wünsche und Interessen heraus (Übergang von der Positionen- zur Interessenebene).

In der vierten Phase sammeln die Konfliktparteien in einem ersten Schritt zunächst alle denkbaren Handlungs- und Lösungsoptionen (Brainstorming).

In einem zweiten Schritt erfolgt die Bewertung und Auswahl der erarbeiteten Lösungsoptionen, an deren Ende die Einigung und die Vereinbarung der Konfliktparteien auf einen einvernehmlichen Interessenausgleich stehen.

Die fünfte Phase gilt der schriftlichen Ausarbeitung und Formulierung der Abschlussvereinbarung, bei der die Parteien gegebenenfalls durch ihre Anwälte rechtlich beratend unterstützt werden.

4. Führen Sie die einzelnen Phasen näher aus – worin sehen Sie jeweils die Schwerpunkte?

Die Schwerpunkte der ersten Phase der Mediation bilden der Empfang der Medianden sowie die Erörterung der Rahmenbedingungen der Mediation (Prinzipien, Grundregeln und Verfahren) mit den Konfliktparteien.

Hat der Mediator den Rahmen für eine räumlich angenehme Arbeits- und Vertrauensatmosphäre (Setting) geschaffen, begrüßt der Mediator freundlich die Konfliktparteien, stellt sich ihnen vor bzw. lässt die Medianden sich einander kurz vorstellen. Gegebenenfalls klärt der Mediator zu Beginn des Erstgesprächs, wie es zu der Kontaktaufnahme mit ihm gekommen ist.

In dieser ersten Phase schildern die Konfliktparteien zunächst ihren Konflikt, so dass sich der Mediator einen Überblick über den Konflikt und die Konfliktbeteiligten verschafft. In diesem Zusammenhang sollte der Mediator auch klären, mit welchen konkreten Erwartungen, Vorstellungen und Zielen die Parteien in eine Mediation gehen.

Weiterhin erörtert der Mediator mit den Konfliktparteien die wesentlichen der Rahmenbedingungen der Mediation (Prinzipien, Grundregeln und Verfahren) und seine Rolle als neutraler und allparteilicher Mediator und holt sich deren Zustimmung für die Durchführung der Mediation ein. Die Erläuterung der Verfahrensgrundsätze ist nicht zuletzt deshalb wichtig, weil der Mediator sich vergewissern muss, dass Konfliktparteien die Prinzipien und den Ablauf des Mediationsverfahrens verstanden haben und an der Mediation freiwillig teilnehmen[2]. Schließlich klärt er die Konfliktparteien über den zeitlichen Umfang

---

[2] § 2 Absatz 2 Mediationsgesetz vom 21. Juli 2012 (BGBl. I S. 1577), gem. Art. 9 dieses Gesetzes am 26. Juli 2012 in Kraft getreten.

und die Kosten der Mediation auf, bevor die Parteien und der Mediator den Mediationsvertrag und eine Kostenvereinbarung unterzeichnen.

Schwerpunkt der zweiten Phase ist die Erarbeitung der Konfliktthemen bzw. Themenbereiche. Nachdem in der ersten Phase der Konflikt, die Konfliktbeteiligten und der Stand des Verfahrens bei allen Beteiligten als bekannt vorausgesetzt wird (Rückschau Phase 1), leitet der Mediator zu Beginn der Phase 2 auf die gemeinsame Erarbeitung und Klärung der Sachlage über. Hierzu rollen die Medianden in einem ersten Schritt gemeinsam den streitigen und unstreitigen Sachverhalt auf, indem sie ihre Sichtweisen, Streitpunkte, die persönlichen, rechtlichen und wirtschaftlichen Aspekte, Gemeinsamkeiten und Differenzen ansprechen. Der Mediator formuliert in Absprache mit den Konfliktparteien die Streitpunkte als Konfliktthemen bzw. Themenbereiche auf einem Flipchart oder einer Pinnwand. In einem zweiten Schritt erfolgen die Gewichtung der einzelnen Themenbereiche und die Festlegung auf eine gemeinsame Bearbeitungsreihenfolge der zu bearbeitenden Konfliktthemen (Prioritätenliste) durch die Medianden.

Schwerpunkt in der dritten Phase der Mediation ist die inhaltliche Bearbeitung der Konfliktthemen, d.h. die eigentlichen Interessen (z.B. Ängste, Bedürfnisse, Wünsche und Ziele) der Konfliktbeteiligten werden herausgearbeitet. Hierzu verlassen die Medianden ihre Forderungen bzw. Positionen und bewegen sich auf die dahinter stehende Interessenebene zu (Übergang von der Positionen- zur Interessenebene) [3].

Dieser Wechsel kann nur gelingen, wenn jede Partei ihre jeweiligen Sichtweisen über den Konflikt im Einzelnen darlegt, während die andere Partei lediglich zuhört[4]. Durch das Herausarbeiten der gemeinsamen Interessen der Medianden lernen die Konfliktparteien, ihre unterschiedlichen Sichtweisen wechselseitig anzuerkennen und zu akzeptieren. Dadurch eröffnet sich für die Parteien eine neue Dimension des Konflikts: Der Konflikt wird nicht mehr als Beharren auf den eingenommenen und/oder festgefahrenen Positionen, sondern zugleich auch als Chance und Geschenk von den Medianden wahrgenommen. Und zwar gerade dann, wenn die Konfliktbeteiligten durch das aktive Zuhören, Nachfragen und Zusammenfasen des Mediators zu den Gefühlen, Wünschen und Bedürfnissen ihres Gegenübers wechselseitig Stellung nehmen, ohne dabei ihre eigene Sichtwiesen aufzugeben. Dadurch haben die Parteien die Möglichkeit, die Vielseitigkeit der in dem Konflikt liegenden

[3] *Katja Ihde*, Mediation 1. Modul Teilnehmerunterlage, S. 13.

[4] *Katja Ihde*, Skript I: Einführung und Grundlagen der Mediation, Auflage 1/2012, S. 25.

gemeinsamen Interessen zu entdecken, die ihrerseits Chancen für erweiterte Lösungsmöglichkeiten in der nachfolgenden Phase 4 bieten.

Schwerpunkt der vierten Phase der Mediation bildet die Suche der Medianden nach Problemlösungen. Hierzu sollte der Mediator eine kreative Arbeitsatmosphäre schaffen, damit die Konfliktbeteiligten in der Lage sind, alle denkbaren und theoretisch wie praktisch umsetzbare Lösungsalternativen, die für die Lösung des Problems generell in Betracht kommen können, einzubeziehen. In diesem ersten Schritt sammeln die Medianden erst einmal nur ihre Ideen für die Lösung ihres Konflikts (Brainstorming), ohne diese inhaltlich zu bewerten. Ziel ist es, dass die Medianden möglichst viele Ideen unter Einsatz ihrer Phantasie sammeln, um einen gemeinsamen Konsens zu erzielen, bei dem die Medianden sich als Gewinner empfinden[5]. In einem zweiten Schritt erfolgt dann die gezielte Bewertung und Auswahl der gesammelten Alternativen. Dazu bewerten die Konfliktparteien die von ihnen erarbeiteten Lösungsoptionen unter Heranziehung eigens festgelegter Kriterien (z.B. gut umsetzbar – umsetzbar – schwer umsetzbar – gar nicht umsetzbar) inhaltlich, bevor sie sich im Wege des Verhandelns gemeinsam für diejenige Alternative entscheiden, die für das Erzielen eines realistischen, tragfähigen Interessenausgleichs die am besten geeignete Lösung ist.

Schwerpunkt von Phase 5 ist der Abschluss einer Vereinbarung durch die Konfliktparteien. Die von den Medianden zunächst in Phase 4 erarbeiteten Ergebnisse werden in einer Verhandlungsübereinkunft von diesen selbst formuliert und schriftlich festgehalten. Die Abschlussvereinbarung sollte in der Sprache der Parteien eigenständig abgefasst werden und durch die schriftliche Ausarbeitung von Verträgen, Vereinbarungen, Protokollen und sonstigen Formerfordernissen (notarielle Beurkundung bei Grundstückskauf-, Erb- oder Schenkungsverträgen) ergänzt werden[6]. Hierzu können die Parteien sich externen anwaltlichen Rat einholen. Schlussendlich unterschreiben alle Beteiligten einschließlich der Mediator die Abschlussvereinbarung und jede Partei erhält eine schriftliche Ausfertigung der Vereinbarung. Soll die Abschlussvereinbarung vollstreckungsfähig sein, finden die Verfahren für Vollstreckbarerklärungen von Anwaltsvergleichen, die Geltendmachung von vollstreckbaren Ansprüchen und Vergleichen (§§ 796a bis 796c ZPO) Anwendung.

---

[5] *Katja Ihde*, Skript I: Einführung und Grundlagen der Mediation, Auflage 1/2012, S. 30.

[6] *Katja Ihde*, Skript I: Einführung und Grundlagen der Mediation, Auflage 1/2012, S. 31.

5.   Worin sehen Sie in den jeweiligen Phasen die Hauptaufgaben des Mediators?

Hauptaufgaben des Mediators in der ersten Phase der Mediation sind die Vorbereitung und Gestaltung des Setting sowie die Erläuterung der Verfahrens- und Kommunikationsregeln mit den Beteiligten. Für das Setting einer Mediation sollte der Mediator darauf achten, helle, freundliche Räumlichkeiten (mit Nebenräumen evtl. für Einzelgespräche) ohne Ablenkungsmöglichkeit (die Medianden sollen sich voll und ganz auf das Mediationsverfahren konzentrieren können) und mit der erforderlichen Technikausstattung (Flipchart, Pinnwand, Moderationskoffer) an einem neutralen Ort (z.b. Büro des Mediators, separater Besprechungsraum) auszuwählen, die eine vertrauliche, ungestörte und zügige Mediation ermöglichen.

Je nach Art des Konflikts kann eine vom Mediator vorbereitete Sitzordnung (z.b. runder Tisch bei Familienkonflikten, getrennte Sitzanordnung bei Betriebskonflikt zwischen Arbeitnehmer/Arbeitgeber) sinnvoll sein. Ein durch den Mediator gut organisiertes Setting verstanden als (Kommunikations-)Raum für eine „akzeptierende (Gesprächs-) Atmosphäre"[7] schafft nicht nur den äußeren Rahmen für eine mit den Medianden förderliche, vertrauliche und vertrauensvolle Kommunikation, sondern auch einen Vertrauensvorschuss und damit Anerkennung/Akzeptanz in die Person des Mediators als „Verfahrensspezialist"[8]. Zudem kann ein vorbereitetes Setting durch den Mediator dazu beitragen, dass beispielswiese emotional aufgeladene Medianden in heißen Konflikten (z.B. bei Paar- bzw. Beziehungskonflikten) durch eine distanzierte Sitzposition den nötigen äußeren Abstand haben.

Die Organisation bei der Raumplanung und Sitzordnung kann dem Mediator schließlich selbst dazu verhelfen, den notwendigen inneren und äußeren Abstand zu dem Konflikt und zu den Medianden beizubehalten, nicht zuletzt um damit seine Neutralität und Allparteilichkeit als Mediator gegenüber den Beteiligten im Raum zu verdeutlichen.

Zudem kann der Mediator für sich gegebenenfalls einen Anker (z.B. mit beiden Händen am Stuhl festhalten) innerhalb des Raumes schaffen, um (auch) mittels Körpersprache seine neutrale, allparteiliche Grundhaltung zu unterstreichen und an Authentizität und Glaubwürdigkeit bei den Beteiligten zu gewinnen.

---

[7] Zitiert nach *Katja Ihde*, Mediation 1. Modul Teilnehmerunterlage, S. 16.

[8] *Katja Ihde*, Mediation 1. Modul Teilnehmerunterlage, S. 15.

Anhand der Darlegung des Konflikts durch die Medianden im Erstgespräch in Phase 1 kann sich der Mediator durch eine situative Gesprächsführung über die Art, Schwere, Dauer und den Verlauf des Konflikts informieren, die für die Konfliktlösung notwendigen Beteiligten identifizieren und gegebenenfalls Interessenvertreter (z.B. Kind/er, Eltern, Jugendamt, Verfahrenspfleger in Kindschaftssachen) ins Boot holen[9].

Das Wissen um Konflikte und deren Verläufe befähigt den Mediator zu beurteilen, ob die Mediation das am besten geeignete, sachgerechte und kostengünstige Verfahren für die Parteien ist.

Eine weitere Hauptaufgabe des Mediators in der ersten Phase der Mediation ist die bereits angesprochene Klärung der Erwartungshaltungen bei den Beteiligten. Dieser Aspekt ist für den Mediator nicht zuletzt deshalb hilfreich, um einschätzen und entscheiden zu können, ob und inwieweit die Mediation das geeignete Verfahren zur Konfliktbewältigung ist und die Parteien für die eigenverantwortliche Kommunikation und das Erarbeiten von tragfähigen Lösungen überhaupt motiviert sind.

Im Rahmen der Verfahrens- und Kommunikationsregeln hat der professionell und verantwortungsbewusst handelnde Mediator gegenüber den Konfliktparteien auch diejenigen Umstände offenzulegen, die eventuell seine Unabhängigkeit und Neutralität gefährden, auf mögliche Tätigkeitsbeschränkungen hinzuweisen, auf Verlangen der Medianden über seinen fachlichen Hintergrund, seine Ausbildung und Erfahrung als Mediator und die Beteiligten über den Umfang seiner Verschwiegenheitspflicht zu informieren[10]. Ferner sollte der Mediator von vornherein feste Umgangs- und Kommunikationsregeln (z.B. Zuhören, Ausreden lassen, Respekt und Wertschätzung füreinander, Umgang mit Informationen nach innen und außen, Rederecht, Redezeit, Pausen) mit den Beteiligten klären, vereinbaren, gegebenenfalls erläutern, verschriftlichen und im Ergebnis sicherstellen, dass diese Regeln für das gesamte Verfahren der Mediation von den Parteien als verbindlich akzeptiert werden. Umgekehrt muss der Mediator bei Regelverletzungen stets auf deren verbindliche Einhaltung achten[11]. Schließlich erörtert der Mediator mit allen Konfliktbeteiligten den Ablauf und die Struktur der Mediation.

---

[9] *Katja Ihde*, Skript I: Einführung und Grundlagen der Mediation, Auflage 1/2012, S. 23.

[10] Vgl. § 3 Absatz 1 bis 3, Absatz 5 und § 4 Satz 4 Mediationsgesetz.

[11] *Katja Ihde*, Skript I: Einführung und Grundlagen der Mediation, Auflage 1/2012, S. 42.

Im Kontext der bereits erörterten Verfahrensprinzipien kann der Mediator beispielsweise die Freiwilligkeit der Medianden am Mediationsverfahren kommunikativ dadurch herstellen, indem er in der ersten Phase den Aspekt der Freiwilligkeit gegenüber den Medianden offen anspricht und sich vergewissert, dass jede Konfliktpartei seine Bereitschaft zur freiwilligen Teilnahme an einer Mediation ausdrücklich erklärt.

Auch das zeitlich begrenzte, punktuelle Zur-Verfügung-Stellen seiner Ressourcen bzw. die Unterstützung zugunsten einer Konfliktpartei sollte der Mediator gegenüber den Medianden offen ansprechen und thematisieren, um sich nicht dem Anschein oder Verdacht der Einflussnahme auszusetzen[12]. Mit Blick auf sein Rollenverständnis muss der Mediator als verschwiegener Konfliktvermittler schließlich stets darauf bedacht sein, die ihm von einer Partei anvertrauten Informationen nicht an die andere Partei weiterzugeben. Gleichwohl ist es ihm nicht verwehrt, die Änderung von Rahmenbedingungen oder die aus den vertraulichen Informationen gewonnenen rechtserheblichen Tatsachen gegenüber den Medianden anzusprechen bzw. offenzulegen[13].

Hauptaufgabe des Mediators in der zweiten Phase der Mediation als Herr und Verwalter des strukturierten Verfahrens ist es, auf die unbedingte Einhaltung der Verfahrens-, Umgangs- und Kommunikationsregeln durch die Beteiligten zu achten und die Methodik der Themensammlung (z.B. durch Visualisierung der Themen auf Flipchart/Pinnwand) anzuwenden, damit sich die Konfliktparteien auf die eigentliche Erarbeitung der inhaltlichen Themen verständigen können[14].

In der dritten Phase liegt die Hauptaufgabe des Mediators darin, die Beteiligten unter Einsatz von Gesprächsführung und -techniken zu motivieren, ihre Forderungen und Positionen so zu verändern, dass sie eigene/fremde Ängste, Wünsche, Bedürfnisse und Interessen wahrnehmen, eigenständig formulieren, einbeziehen und schließlich wechselseitig anerkennen. Seine Aufgabe entspricht der gesetzlich verankerten Pflicht als Mediator zur Förderung der Kommunikation bei den Beteiligten und zu gewährleisten, dass „die Parteien in angemessener und fairer Weise in die Mediation eingebunden sind"[15].

---

[12] *Katja Ihde*, Skript I: Einführung und Grundlagen der Mediation, Auflage 1/2012, S. 34.

[13] *Katja Ihde*, Skript I: Einführung und Grundlagen der Mediation, Auflage 1/2012, S. 36; *Brennecke & Partner Rechtsanwälte*, Die vier wichtigsten Grundsätze der Mediation, Quelle: http://www.brennecke.pro/78263/Die-vier-wichtigsten-Grundsaetze-der-Mediation (aufgerufen am 20.11.2012).

[14] *Katja Ihde*, Skript I: Einführung und Grundlagen der Mediation, Auflage 1/2012, S. 24.

[15] § 2 Absatz 3 Satz 2 Mediationsgesetz.

Durch die Formulierung offener und/oder systemischer Fragen, Spiegeln dessen, was eine Konfliktpartei geäußert hat, mit eigenen Worten das Gesagte von der anderen Konfliktpartei wiederholen lassen, Anwendung von Bildersprache und Metaphern, aktives Zuhören, Nachfragen und Zusammenfassen[16] und der Einsatz von Körpersprache (Mimik und Gestik) und Präsentationstechniken (z.b. Visualisierung der Maslow'schen Bedürfnispyramide[17]) kann der Mediator die Partei bei dem Herausarbeiten und Wahrnehmen von Ängsten, Wünschen, Erwartungen und Bedürfnissen unterstützen.

In der vierten Phase der Mediation besteht für den Mediator die Herausforderung und Hauptaufgabe darin, eine kreative Arbeitsatmosphäre für die Beteiligten bereitzustellen, damit diese in der Lage sind, möglichst viele alternative Handlungs- und Lösungsoptionen zu erarbeiten und miteinander zu verhandeln. Provokative, Wunsch- sowie zirkuläre bzw. zukunftsorientierte Fragen spielen hierbei ebenso eine wichtige Rolle wie Anekdoten, Metaphern und Verschlimmerungsfragen[18], die Konfliktparteien dabei helfen können, miteinander in einen Verhandlungsdiskurs und einvernehmlichen Interessenausgleich einzutreten.

In der fünften Phase unterstützt der Mediator die Parteien hauptsächlich dabei, dass die von ihnen getroffene Abschlussvereinbarung den SMART-Regeln[19] entspricht und weist die Parteien darauf hin, sich gegebenenfalls vor der schriftlichen Abfassung der Abschlussvereinbarung externen anwaltlichen Rat einholen können.

---

[16] *Katja Ihde*, Mediation 1. Modul Teilnehmerunterlage, S. 13/14, siehe dort unter „Methoden und Techniken des Mediators (Auswahl)".

[17] *Katja Ihde*, Skript I: Einführung und Grundlagen der Mediation, Auflage 1/2012, S. 27.

[18] *Katja Ihde*, Mediation 1. Modul Teilnehmerunterlage, S.14.

[19] SMART = Spezifisch – Messbar - Aktiv erreichbar – Realistisch – Terminiert, zitiert nach *Katja Ihde*, Skript I: Einführung und Grundlagen der Mediation, Auflage 1/2012, S. 32.

6. Sie kennen das Harvard-Konzept des sachgerechten Verhandelns - Bitte erläutern Sie dieses Modell an einem eigenen Beispiel

Das Harvard-Konzept wird an dem folgenden eigenen Beispiel erläutert:

A und B sind mit je € 25.000 Alleingesellschafter der FinanzProfit GmbH. Gegenstand des Unternehmens ist der An- und Verkauf von Anleihen auf eigene und fremde Rechnung. Beide Gesellschafter haben Stimmrechte in Höhe von jeweils 25 Stimmen (je 1 Stimme pro € 1.000). Die Gesellschaft hat in den letzten drei Jahren infolge niedriger Zinserträge für Anleihen am Kapitalmarkt nur Verluste erwirtschaftet. Vor dem Hintergrund sinkender Erträge der Gesellschaft will A den Verkauf der GmbH für € 150.000 an die britische MoneyInvestor auf der Gesellschafterversammlung am 02.01.2013 beschließen. B ist gegen den Verkauf der GmbH; er will stattdessen eine Fortführung der GmbH durch A und B im Wege der „kalten" Sanierung beschließen. Die Sanierung soll durch die Kreditaufnahme von € 100.000 über die C-Bank, Darlehen der Gesellschafter an die GmbH von jeweils € 25.000 und einer Neuausrichtung der Gesellschaft auf den Kauf hochverzinslicher Anleihen in Frankreich und in den Benelux-Staaten ermöglicht werden. A und B beharren jeweils auf ihren Positionen; die Gesellschafterversammlung droht mangels Zustandekommen eines Mehrheitsbeschlusses (nach der GmbH-Satzung sind mind. 26 Stimmen erforderlich) zu platzen.

Zunächst sind nach dem Harvard-Modell die Personen und deren (Sach-)Probleme voneinander zu trennen[20]. Streitfragen sollten allein nach ihrer Bedeutung und dem zugrundeliegenden Sachverhalt und nicht im Wege der Durchsetzung von subjektiven Positionen bzw. Forderungen verhandelt bzw. entschieden werden.

Auf den Beispielfall angewendet bedeutet dies, dass für das Verhandeln und die Lösungsfindung weder der Verkauf der GmbH (= Position des A) noch die Sanierung der GmbH (= Position des B) für einen einvernehmlichen Interessenausgleich streitentscheidend sind. Wegen der gegensätzlichen Interessen von Gesellschafter A und B gilt es vielmehr auf der zweiten Stufe deren eigentliche Interessen herauszufiltern und offenzulegen.

In dem Mediationsverfahren mit A und B klärt sich, dass A für eine Sanierung der Gesellschaft über keine finanziellen Mittel für ein Gesellschafterdarlehen an die GmbH verfügt.

---

[20] Zum Harvard-Konzept: *Katja Ihde*, Skript I: Einführung und Grundlagen der Mediation, Auflage 1/2012, S. 25 (unten).

A befürchtet durch eine Kreditaufnahme bei der C-Bank, dass sein Geschäftsanteil im Gegenzug an die Bank abgetreten und schlimmstenfalls gepfändet wird. In diesem Fall werde A - ein erfolgreicher und angesehener Geschäftsmann - nicht mehr in der Branche anerkannt und geschätzt und sei für weitere Geschäftsaktivitäten so gut wie zahlungsunfähig.

B, der in früheren Jahren als Investmentbanker Millionen gemacht hat, argumentiert gegen den Verkauf, dass er das von ihm entwickelte und in die GmbH eingebrachte Computerprogramm zur Bewertung von Anleihen am Markt nicht in fremde Hände geben will. Zudem würde die britische MoneyInvestor, unter Finanzexperten als „Heuschrecke" bekannt, auf dem deutschen Finanz- und Kapitalmarkt Fuß fassen und mit dem Computerprogramm deutsche Wettbewerber und damit den deutschen Finanzmarkt weiter schwächen. Auch der Kaufpreis von € 150.000 sei für B nicht nachvollziehbar: Nach einem Gutachten hat die GmbH einen Marktwert von ca. € 200.000; B wünsche sich daher einen „realistischeren" Kaufpreis. Unklar ist auch, ob und in welcher Höhe er bei dem Verkauf der GmbH an die MoneyInvestor als ausgeschiedener Gesellschafter abgefunden werde.

A und B äußern übereinstimmend, dass sie an der rechtlichen Existenz der GmbH festhalten; sie beurteilen aufgrund ihrer 20jährigen Markt- und Branchenkenntnis den Kauf von Anleihen an bonitätsstarken Märkten (Deutschland, Benelux-Staaten) nach wie vor als zukunftsfähig und der Kauf von „krisensicheren" Pfandbriefen in den kommenden Jahren als aussichtsreich und gewinnversprechend.

Auf der dritten Stufe des Harvard-Konzepts sind möglichst viele Lösungsalternativen von den Medianden zu entwickeln. Entscheidend sind nicht die Suche nach der richtigen Lösung, sondern kreative Lösungsoptionen hervorzubringen, die sich zum beiderseitigen Nutzen und Vorteil der Parteien gestalten. Vor dem Hintergrund der vorgenannten Ängste, Erwartungen, Wünsche und Interessen ergeben sich für A und B völlig neue Optionen: Da A und B an der Existenz der GmbH weiter festhalten, A aber über keine finanziellen Mittel für ein Darlehen an die GmbH verfügt, könnte der finanziell gut betuchte B das Darlehen an die GmbH in Höhe von € 50.000 allein aufbringen. Und angesichts des Marktwertes der GmbH von € 200.000 wäre zudem vorstellbar, ob nicht weitere zahlungskräftige Gesellschafter in die GmbH eintreten und diese - im Wege einer Kapitalerhöhung der GmbH - insgesamt weitere Geschäftsanteile im Wert von € 100.000 erwerben, die eine Kreditaufnahme bei der C-Bank entbehrlich macht. Gegebenenfalls könne man, um die Gesellschafter- und Stimmrechte von A und B nicht aus der Hand zu geben, einen stillen Gesellschafter als weiteren Finanzierungspartner der GmbH mit ins Boot nehmen.

Auf der vierten Stufe klären und verhandeln die Medianden anhand objektiver Kriterien die für sie bestmögliche, tragfähige und umsetzbare Lösungsalternative. Im vorliegenden Beispielfall wäre der tatsächlich erzielbare Marktwert der FinanzProfit GmbH durch einen Wirtschaftsprüfer zu ermittelt und das aktuelle und voraussichtliche Zinsniveau und die Renditen für den Kauf von Anleihen und Pfandbriefen in Deutschand und Benelux durch einen Börsen-Sachverständigen zu ermitteln, bevor die Parteien über die für sie am besten geeignete Lösungsalternative entscheiden und sie umsetzen.

BEI GRIN MACHT SICH IHR WISSEN BEZAHLT

- Wir veröffentlichen Ihre Hausarbeit,
  Bachelor- und Masterarbeit

- Ihr eigenes eBook und Buch -
  weltweit in allen wichtigen Shops

- Verdienen Sie an jedem Verkauf

Jetzt bei www.GRIN.com hochladen und kostenlos publizieren